VENTE H. DASSON ET Cⁱᵉ

Fabricants de bronzes et d'ébénisterie d'art

MEUBLES ET BRONZES

D'ART ET D'AMEUBLEMENT

LAQUES ET PORCELAINES DE LA CHINE ET DU JAPON

MEUBLES

Porcelaines et Objets variés

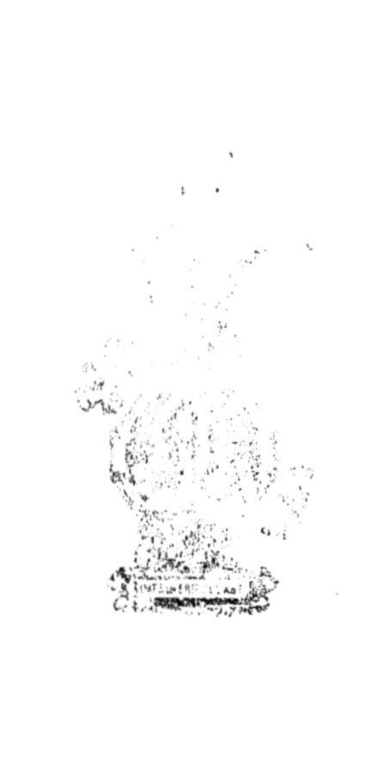

CATALOGUE

DES

MEUBLES ET BRONZES

d'art et d'ameublement

DES STYLES LOUIS XIII, LOUIS XIV, LOUIS XV ET LOUIS XVI

LUSTRES, GLACES, SCULPTURES, MATIÉRES DURES MONTÉES,

CHEMINÉE

*exécutés par la Maison H. Dasson et C*ie

LAQUES ET PORCELAINES DE LA CHINE ET DU JAPON

Biscuits de Wedgwood, Porcelaines de Sèvres

OBJETS VARIÉS, PANNEAUX EN VERNIS MARTIN

SCULPTURES, MEUBLES ET BRONZES ANCIENS, ÉTOFFES

Catalogues de ventes et Publications artistiques

Dont la Vente, par suite de dissolution de Société et de cessation de fabrication

EN VERTU D'UN JUGEMENT DU TRIBUNAL DE COMMERCE

AURA LIEU

HOTEL DROUOT, SALLES Nᵒˢ 9 ET 10

Les Lundi 10, Mardi 11 et Mercredi 12 Décembre 1894

à deux heures

COMMISSAIRE-PRISEUR	EXPERT
Mᵉ PAUL CHEVALLIER	**M. CHARLES MANNHEIM**
10, rue de la Grange-Batelière, 10	7, rue Saint-Georges, 7

EXPOSITIONS

PARTICULIÈRE : *Le Samedi 8 Décembre 1894, de 1 h. 1/2 à 5 h. 1/2*
PUBLIQUE : *Le Dimanche 9 Dcembre 1894, de 1 h. 1/2 à 5 h. 1/2*

ENTRÉE PAR LA RUE GRANGE-BATELIÈRE

CONDITIONS DE LA VENTE

Elle sera faite expressément au comptant.

Les acquéreurs paieront CINQ POUR CENT en sus du prix d'adjudication.

L'exposition mettant le public à même de se rendre compte de l'état des objets, aucune réclamation ne sera admise une fois l'adjudication prononcée.

Paris. — Imp. de l'Art, E. Moreau et Cⁱᵉ, 41, rue de la Victoire.

DÉSIGNATION DES OBJETS

OBJETS D'ART ET D'AMEUBLEMENT

Exécutés par la Maison H. Dasson et Cie

MEUBLES

1 — Meuble-médaillier à hauteur d'appui, en ébène et en marqueterie d'écaille, cuivre et étain, à décor de palmettes et rinceaux. Il est orné en outre de trois panneaux en marqueterie de bois de couleur à décor d'oiseaux et de fleurs. Il ferme à une porte, avec tiroirs latéraux extérieurs et tiroirs intérieurs. Médaille à l'effigie du roi, entrées de serrures et encadrements en bronze ciselé et doré. Tablette épaisse en marbre campan mélangé. D'après l'original du Garde-Meuble.

Haut., 1 m. 7 cent.; larg., 1 m. 15 cent.; prof., 31 cent.

2 — Deux gaines de style Louis XIV, en ébène et marqueterie d'écaille et de cuivre, au chiffre du roi, à décor de rinceaux et quadrillés. Encadrements et pieds griffes en bronze ciselé et doré au feu.

Haut., 1 m. 35 cent.

3 — Deux gaines de style Louis XIV, en marqueterie d'ébène, d'écaille, de cuivre et d'étain; garniture de bronze doré formée de feuillages, de rosaces et de mufles de lions. D'après les originaux de la collection Stein.

Haut., 1 m. 22 cent.

4 — Deux gaines de style Louis XVI, en ébène incrusté de filets de cuivre. Garniture de bronze doré composée de frises, de rinceaux, d'une corbeille de fleurs, de pendentifs et d'encadrements.

Haut., 1 m. 30 cent.

5 — Table-bureau de style Louis XIV, en ébène incrusté de filets de cuivre. Chutes, mascarons, poignées, entrées de serrures et sabots en bronze doré. Elle contient trois tiroirs. Dessus en peau de truie.

Haut., 77 cent.; long., 1 m. 48 cent.; larg., 73 cent.

6 — Table de milieu de style Louis XIV, en ébène incrusté de cuivre et d'étain sur quatre pieds balustres carrés reliés par un entrejambes. Garniture de bronze doré composée de mascarons et d'encadrements. Tablette épaisse en porphyre vert.

Haut., 90 cent.; larg., 1 m. 18 cent., prof., 92 cent.

7 — Petite table de milieu de style Louis XIV, en bois d'amaranthe incrusté de filets de cuivre; garniture de bronze doré composée de mascarons et palmettes, encadrements et cordon de piastres. Tablette de marbre de couleur.

Haut., 77 cent.; larg., 60 cent.; prof., 41 cent.

8 — Bibliothèque à deux portes vitrées à hauteur d'appui en ébène incrusté de filets de cuivre ; sabots, encadrements, écoinçons en bronze doré au feu. Style Louis XIV.

Haut., 1 m. 34 cent.; larg., 1 m. 35 cent.; prof., 47 cent.

9-10 — Deux bibliothèques de style Louis XIV, à hauteur d'appui, et trois portes vitrées en ébène incrusté de filets de cuivre. Encadrements de bronze doré au feu.

Haut., 1 m. 33 cent.; larg., 1 m. 63 cent ; prof., 48 cent.

11 — Cartonnier de style Louis XV, en marqueterie de bois de couleur ; chutes, encadrements, poignées, entrées de serrures et sabots en bronze doré au feu.

Haut., 1 m. 55 cent.; larg., 80 cent.; prof., 46 cent.

12 — Meuble d'entre-deux à hauteur d'appui de style Louis XV, en bois frisé et satiné ; il ferme à deux portes et contient trois tiroirs. Les vantaux des portes sont formés de panneaux décorés au vernis genre Martin. Galerie, chutes et poignées en bronze doré. Tablette en marbre de couleur.

Haut., 1 m. 30 cent.; larg., 1 m. 2 cent.; prof., 33 cent.

13 — Petit meuble à hauteur d'appui à quatre tiroirs de style Louis XV, en bois satiné et frisé. Garniture de bronze doré. Tablette en marbre rouge griotte.

Haut., 1 mètre; larg., 57 cent.; prof., 37 cent.

14 — Petit bureau à dos d'âne, de style Louis XV, en marqueterie de bois de violette et de bois satiné frisé. Garniture en bronze doré.

Haut., 80 cent.; larg., 62 cent.; prof., 39 cent.

15 — Table-bureau de style Louis XV, en bois de violette et bois satiné ; mascarons, chutes formées de bustes de guerriers antiques ; encadrements, entrées de serrures et sabots en bronze ciselé et doré. Elle contient trois tiroirs. Dessus en peau de truie. D'après l'original du ministère de la marine.

Haut., 80 cent.; long., 2 m. 15 cent.; larg., 1 m. 5 cent.

16 — Petite table-bureau de style Louis XV en marqueterie de bois de violette et de bois satiné, garnie de bronze doré. Elle contient deux tiroirs et une tablette à écrire.

Haut., 73 cent.; larg., 68 cent.; prof., 39 cent.

17 — Meuble d'entre-deux à hauteur d'appui en marqueterie de bois de couleur à fleurs et à quadrillés. Il ferme à deux portes et est garni d'encadrements et de chutes en bronze doré. Tablette épaisse en marbre de couleur. Style Louis XVI.

Haut., 1 m. 8 cent.; larg., 1 m. 30 cent.; prof., 48 cent.

18-19 — Deux petites vitrines à hauteur d'appui de style Louis XVI en acajou et marqueterie de bois de couleur à quadrillés et fleurettes. Le panneau inférieur est décoré de jeux d'enfants au vernis

genre Martin. Galerie, chutes, encadrements et
sabots en bronze doré au mat. Dessus en marbre
brocatelle d'Espagne.

Intérieur à fond de glaces et tendu de soie
rayée.

Haut., 1 m. 22 cent.; larg., 61 cent.; prof., 30 cent.

20 — Console de style Louis XVI à un tiroir en acajou sur pieds cannelés et à fond plein; garniture
de bronze doré au mat composée de frises de
marguerites, rosaces, encadrements et sabots;
dessus et tablette d'entre-jambes en marbre
sérancolin. Galerie de cuivre.

Haut., 94 cent.; larg., 1 m. 35 cent.; prof., 56 cent.

21 — Table-tricoteuse à un tiroir de style Louis XVI
en acajou, garnie de bronze. Galerie en acajou
et cuivre. D'après l'original de Trianon.

Haut., 77 cent.; larg., 84 cent.; prof., 50 cent.

22 — Petit guéridon de style Louis XVI sur quatre
pieds cannelés, en acajou. Tablette d'entre-
jambes à galerie de cuivre. Dessus en marbre
brocatelle d'Espagne.

Haut. 73 cent.; diam., 40 cent.

23 — Monture d'écran de style Louis XVI en bois
sculpté.

BRONZES D'ART ET D'AMEUBLEMENT

PENDULES

24 — Deux flambeaux de style Louis XIII en bronze argenté à tige décorée de médaillons-bustes. Base circulaire.

25 — Deux bouts de table à deux lumières de style Louis XIII, en bronze argenté; tige ornée de médaillons-bustes. Base de forme circulaire.

26 — Grande pendule de style Louis XIV en bronze doré au feu et bronze patiné, formée d'une urne contenant le mouvement et sur base oblongue sur laquelle sont assises deux statuettes allégoriques de l'Histoire et de l'Astronomie.

Haut., 65 cent.; larg., 60 cent.

27 — Pendule de style Louis XIV en bronze doré au feu et marqueterie de cuivre et d'écaille. Le mouvement surmonté d'un enfant tenant un trident est supporté par deux statuettes de tritons.

Haut., 85 cent.

28 — Deux grands bras-appliques à cinq lumières de style Louis XIV en bronze doré au feu à gaines cariatides de femme et homme maintenant les branches porte-lumières.

Haut., 1 mètre.

29 — Deux bras-appliques à trois lumières de style

Louis XIV en bronze doré au feu, à décor de mascarons, carquois et palmettes. D'après l'original de l'école des Beaux-Arts.

30 — Deux bras-appliques de style Louis XIV en bronze doré au feu, formés chacun d'une cariatide d'amour tenant les branches porte-lumières.

31 — Deux petits bras-appliques à deux lumières de style Louis XIV en bronze doré au feu ornés chacun d'un mascaron de femme.

32 — Applique à deux lumières de style Louis XIV en bronze doré au feu à décor de quadrillés, coquilles et feuillages. Le centre de l'applique forme miroir.

33 — Deux girandoles à cinq lumières en bronze argenté ; tige-balustre surmontée d'une flamme ; branches contournées à décor de feuillages. Style Louis XIV.

34 — Flambeau de bouillotte à deux lumières de style Louis XIV en bronze doré au feu, à décor de pieds de biches et guirlandes, avec abatjour.

35 — Deux bouts de table à trois lumières en bronze doré au feu, de modèle analogue aux précédents.

36 — Deux flambeaux de style Louis XIV en bronze doré au feu ornés de têtes de béliers. Base circulaire à décor de quadrillés.

37 — Deux chenets de style Louis XIV en bronze
doré au feu, à décor de palmettes, cartouches,
mufles de lions et flammes.

38 — Quatre porte-embrasses en bronze de style
Louis XIV.

39 — Paire de pelle et pincettes.

40 — Deux bras-appliques à deux lumières de style
Régence à branches entrelacées ; bronze doré
au feu.

41 — Deux chenets de style Régence formés d'un
vase rocaille sur base ornée de feuillages ;
bronze doré au feu.

42 — Pendule de style Louis XV en bronze doré au
feu à décor de coquilles et feuillages rocaille,
surmontée d'une figurine d'amour, et sur base
de forme contournée.

43 — Pendule de style Louis XV en bronze doré au
feu et bronze patiné. Le mouvement entouré de
motifs rocaille est porté par un éléphant.

Haut., 45 cent.

44 — Petite pendule de style Louis XV en bronze
doré au feu décorée de motifs rocaille et surmontée d'une graine. Socle de forme contournée.

45-46 — Deux petits cartels de style Louis XV en
bronze doré au feu à décor de motifs rocaille,
de fleurs et de feuilles.

47 — Deux girandoles à deux lumières de style
Louis XV en bronze doré au feu à décor de motifs rocaille.

48 — Deux girandoles à deux lumières de style
Louis XV en bronze doré au feu ; branches entrelacées et décor de fleurs et motifs rocaille.

Haut., 50 cent.

49 — Deux girandoles à trois lumières de style
Louis XV en bronze doré au feu, tige balustre,
base de forme contournée et branches variées à
enroulements.

50 — Deux appliques à trois lumières de style
Louis XV à décor de motifs rocaille ; bronze
doré au feu.

51 — Deux grands flambeaux de style Louis XV
en bronze argenté à tige et base à cannelures
obliques.

Haut., 33 cent.

52 — Deux flambeaux en bronze doré au feu à tige
balustre et base de forme ronde à bords feston-
nés. Style Louis XIV.

53 — Deux flambeaux en bronze doré au feu à tige
balustre et base carrée à angles coupés. Style
Louis XIII.

54 — Petite pendule de style Louis XV en bronze
doré au feu, surmontée de deux colombes; socle
en bronze doré.

Haut., 31 cent.

55 — Deux flambeaux en bronze argenté de style
Louis XV ; tige à cannelures obliques, base festonnée.

56 — Deux éléphants en céramique moderne. Base
de style Louis XV en bronze doré au feu.

57 — Deux girandoles à six lumières de style Régence en bronze argenté à décor de cartouches
et motifs rocaille.

Haut., 65 cent.

58 — Deux bras-appliques à trois lumières de style
Régence en bronze doré au feu à décor de
rinceaux rocaille.

59 — Deux petits flambeaux de style Louis XV en
bronze doré au feu et fruits.

60 — Deux flambeaux de style Louis XV en bronze
doré au feu, à décor de petits cartouches rocaille.

61 — Deux bras-appliques de style Louis XVI en
bronze patiné et bronze doré au feu : enfants
debout, urne enguirlandée et trois branches
porte-lumières.

62 — Pendule à cadran tournant de style Louis XVI
en bronze patiné, bronze doré au feu et porphyre

rouge oriental. Le mouvement contenu dans une sphère est surmonté de deux amours et porté par trois statuettes : les trois Grâces.

Haut., 1 m. 8 cent.

63 — Deux candélabres à six lumières pouvant accompagner la pendule qui précède, formés chacun d'une statuette de femme portant les branches porte-lumières. D'après l'original du château de Fontainebleau.

Haut., 1 m. 30 cent.

64 — Pendule de style Louis XVI à cadran tournant en bronze bleu et doré au feu : allégorie du Temps. Le mouvement contenu dans une sphère céleste est accosté d'une statuette du Temps et de deux figurines d'amours en portant les attributs. D'après l'original de la collection Wallace.

Haut., 63 cent.

65 — Pendule à cadran tournant de style Louis XVI en bronze doré au feu, patiné et bleu et marbre blanc. Allégorie de l'Astronomie. Le mouvement, contenu dans une sphère céleste, est placé entre une statuette de femme tenant un compas et une figurine d'amour portant une guirlande de fleurs.

Haut., 55 cent.; larg., 55 cent.

66 — Pendule à cadran tournant de style Louis XVI en bronze bleu et bronze doré au mat en forme d'urne enguirlandée et surmontée d'une figurine

d'amour. Elle repose sur un fût de colonne cannelée en marbre rouge antique ; contre-socle en bronze doré. D'après l'original de la collection Double.

67 — Deux candélabres à trois lumières pouvant accompagner la pendule précédente, formés d'une statuette d'amour tenant le bouquet de lumières.

68 — Pendule de style Louis XVI, à cadran tournant, en forme de trépied-cassolette en jaspe rouge et bronze doré au mat. Décor de guirlandes de fleurs et mascarons têtes de femmes.

Haut., 40 cent.

69 — Pendule de style Louis XVI, en bronze doré au mat, surmontée d'un vase enguirlandé, et cantonnée de quatre volutes. Base en marbre blanc.

Haut., 42 cent.

70 — Pendule de style Louis XVI, en bronze doré au feu et bronze patiné, ornée de deux statuettes d'amours, tenant les attributs de la peinture. Socle en marbre rouge antique, orné d'une frise à décor de jeux d'enfants.

71 — Pendule de style Louis XVI, en bronze doré au feu, surmontée d'un brûle-parfums et décorée de têtes de béliers, de mufles de lions et de guirlandes de laurier.

72 — Pendule de style Louis XVI, en bronze doré

au mat, surmontée d'une figurine d'amour, et accostée de deux bustes de femmes. Base en marbre blanc.

73 — Pendule de style Louis XVI, en bronze doré au feu et bronze à patine brune ; le mouvement est surmonté d'une sphère céleste et accosté de deux statuettes d'enfants tenant des attributs de l'Astronomie. Base en marbre blanc.

Haut., 49 cent.; larg., 59 cent.

74 — Petite pendule à cage de style Louis XVI, en bronze doré au feu, surmontée d'une figurine d'amour.

75 — Pendule à cage de style Louis XVI, en bronze doré au feu, surmontée d'un trophée d'attributs de l'amour. Frise de laurier et de lyre.

76 — Pendule de style Louis XVI, en marbre blanc et bleu turquin ; bronze doré au feu et bronze à patine brune. Le mouvement est surmonté d'un groupe de colombes et accosté d'une statuette de femme drapée à l'antique.

77 — Pendule de style Louis XVI, en bronze doré au feu, bronze à patine brune avec socle en ébène ; modèle connu sous le nom de la Liseuse.

Haut., 49 cent.; larg., 68 cent.

78 — Petite pendule de style Louis XVI, en bronze doré au feu et bronze à patine brune. Allégorie

de la Sculpture. Le mouvement, surmonté d'un coq, est accosté d'une statuette d'enfant examinant un dessin.

79 — Petite pendule de style Louis XVI, en bronze doré au feu et marbre blanc. Le mouvement est surmonté d'un coq et placé entre deux figurines d'amours.

80 — Deux candélabres à deux lumières, en marbre blanc et bronze doré au feu, simulant un vase de fleurs. Style Louis XVI.

81 — Cartel de style Louis XVI, en bronze doré au feu, modèle à mufles et peaux de lions. Il est surmonté d'un vase enguirlandé.

82 — Cartel de style Louis XVI, en bronze bleui et bronze doré au mat, en forme de lyre ornée de fleurs et de feuilles. Le cadran est surmonté d'un thermomètre.

83 — Deux candélabres à trois lumières, de style Louis XVI, en quartz améthyste et bronze doré au feu, formés d'un vase à pieds-cariatides de femmes d'où s'échappent les branches porte-lumières.

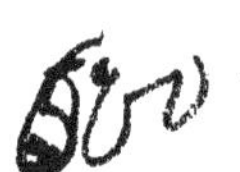

84 — Deux girandoles à six lumières, en bronze doré au feu, à tige cannelée surmontée d'un vase enflammé. Pied à trois patins, orné de piastres. D'après une composition de Delafosse.

Haut., 55 cent.

85 — Deux candélabres à quatre lumières, de style
Louis XVI, en bronze doré au feu et bronze
patiné. Branches porte-lumières tenues par une
statuette d'enfant satyre d'après Clodion. Base en
marbre rouge antique, garnie de bronze doré.

Haut., 54 cent.

86 — Deux candélabres à trois lumières, de style
Louis XVI, en bronze doré au feu et bronze à
patine brune. La tige est formée d'un groupe de
quatre enfants dont l'un supporte une corbeille
de fruits d'où s'échappent les branches porte-
lumières.

87 — Deux bras-appliques à trois lumières, en
bronze doré au feu ; applique formée de branchages de chêne et de draperies ; branches
porte-lumières en forme de trompes de chasse.
D'après l'original du château de Chantilly.

Hauteur de l'applique, 98 cent.

88 — Deux bras-appliques à trois lumières de style
Louis XVI, en bronze doré au feu, formés chacun d'un carquois d'où naissent ces branches
porte-lumières. D'après l'original du château de
Fontainebleau.

Haut., 95 cent.

89 — Deux bras-appliques à cinq lumières de style
Louis XVI, en bronze doré au feu, formés d'un
carquois et de branches de laurier entrelacées.

Haut., 1 m. 85 cent.

90 — Deux bras-appliques à deux lumières de style
Louis XVI, en bronze doré au feu. L'applique
est formée d'un thyrse enguirlandé de pampres.
D'après l'original du Garde-Meuble.

Haut., 55 cent.

91 — Deux bras-appliques à trois lumières de style
Louis XVI, en bronze doré au feu. Applique
surmontée d'une urne enflammée, branches sou-
tenues par une cariatide d'enfant.

92 — Deux grands flambeaux de style Louis XVI, en
bronze doré au feu, à tige formée de cariatides
de femmes adossées. Décor de guirlandes, de
feuillages et de draperies.

Haut., 32 cent.

93 — Deux flambeaux de style Louis XVI, en bronze
doré au feu, à tige et base cannelées.

94 — Deux flambeaux de style Louis XV, en bronze
doré au feu, tige et base à cannelures obliques.

95 — Deux flambeaux de style Louis XVI, en bronze
doré au feu, à tige et base cannelées. Bordure
de tore de laurier.

96 — Deux flambeaux de style Louis XVI, en bronze
doré au feu et bronze à patine brune. Tige
formée d'une figurine d'amour supportant une
corbeille de fruits sur laquelle repose la douille.

97 — Deux flambeaux en bronze doré au mat et

bronze à patine brune : la douille est supportée par une statuette d'homme accroupi. Style Louis XVI.

98 — Deux chenets de style Louis XVI, en bronze doré au feu, modèle à vase de flammes et à pyramide enguirlandée.

99 — Deux chenets de style Louis XVI, en bronze doré au feu ; modèle à graines et vase enguirlandé.

100 — Deux candélabres à cinq lumières, en bronze doré au feu, formés chacun d'une statuette d'enfant tenant le bouquet de lumières. Base cylindrique cantonnée de consoles renversées.

Haut., 92 cent.

101 — Deux bras-appliques à cinq lumières, en bronze doré au feu ; le bouquet de lumières est porté par une statuette d'amour.

Haut., 80 cent.

102 — Torchère à quatre lumières disposée pour le gaz, formée d'une statue d'amour debout en bronze à patine noire.

Haut., 2 mètres.

103 — Deux petits flambeaux de style Louis XIV, à deux lumières, en bronze doré au feu, à base festonnée.

104 — Encrier de style Louis XIII, en bronze doré au feu, en forme de cassolette à pieds volutes, ornés de têtes de chérubins.

105 — Thermomètre de style Louis XVI en cuivre émaillé, cadre en bronze doré au feu.

106 — Deux médaillons ovales : tête d'homme de profil, en bas-relief, en bronze à patine brune, sur fond en marbre brèche d'Alep.

107 — Enfants à la chèvre. Groupe en bronze à patine brune.

Haut., 20 cent.

108 — Statuette en bronze à patine brune : enfant aux chiens d'après Palissy. Base en bronze doré au feu.

Haut., 31 cent.

109 — Autre statuette pouvant faire pendant à la précédente : Fillette au nid. Base en bronze doré au feu.

Haut., 31 cent.

110 — Enfant au canard, par Sauvageot. Groupe en bronze à patine brune sur socle en marbre rouge antique garni de bronze doré au feu.

Haut., 60 cent.

111 — Deux figurines en bronze patiné : enfants musiciens, sur base en bronze doré au feu et marbre blanc.

112 — Deux petits groupes en bronze à patine brune ; jeux d'enfants. Base en bronze doré au feu.

113 — Dogue en bronze à patine brune ; base en marbre.

LUSTRES

114 — Grand lustre à trente lumières en bronze doré au feu, orné de pendeloques, rosaces, pyramides, grappes de raisin et sphère en cristal taillé. Style Louis XIV.

Haut., 1 m. 70 cent.

115 — Petit lustre de style Louis XIV à douze lumières en bronze doré au feu, garni de pendeloques, rosaces, grappes de raisin, pyramides et poire en cristal.

Haut., 1 m. 8 cent.

116 — Grand lustre à vingt-huit lumières de style Louis XV en bronze doré au feu. Branches ornées de feuillages.

Haut., 1 m. 57 cent.

117 — Grand lustre de style Louis XV à dix lumières en bronze doré au feu, garni de pendeloques, rosaces, pyramides et poire en cristal taillé.

Haut., 1 m. 95 cent.

118 — Lustre à douze lumières en bronze doré au feu ; branches ornées de feuillages ; tige composée d'un faisceau de baguettes. Style Louis XVI.

Haut., 80 cent.

119 — Petit lustre de style Louis XVI à douze lumières en bronze doré au feu, à tige balustre ornée de feuillages et rinceaux.

Haut., 60 cent.

120 — Lustre de style Louis XV, à vingt-quatre lumières en bronze doré au feu, à tige balustre ornée de grappes de raisin et de vases rocaille.

Haut., 1 m 38 cent.

GLACES

121 — Grande glace à fronton ; encadrement en bronze doré au feu de style Louis XIV à mascaron tête de femme, vases couverts et feuillages.

Haut., 3 mètres; larg., 1 m. 60 cent.

122 — Grande glace dans un encadrement en bronze doré au feu, à décor de rinceaux et de lyres ; fronton formé de statuettes d'amours, d'une urne de flammes et de deux sphinx.

Haut., 3 m. 8 cen.; larg., 1 m. 80 cent.

SCULPTURES ET MATIÈRES DURES

123 — Orphée assis pinçant de la lyre ; statuette en marbre blanc. Base en bronze doré au feu.

Haut., 76 cent.

124 — Avant le bal, par *Morice*. Non signé. Groupe en marbre blanc de deux jeunes filles se parant de fleurs. Socle en marbre bleu turquin garni de bronze doré au feu.

Haut., 85 cent.; larg., 53 cent.

125 — Deux candélabres à cinq lumières en marbre blanc, marbre bleu turquin et bronze doré au feu, formés chacun d'un enfant debout tenant une corne d'abondance d'où naissent les branches porte-lumières.

Haut., 1 m. 5 cent.

126 — Deux grandes torchères à sept lumières, de style Louis XVI, en marbre blanc et bronze doré au feu, formées chacune d'une statuette de femme debout portant une corne d'abondance d'où s'échappe le bouquet de lumières. Gaines en granit rose des Vosges avec tore de laurier en bronze doré au feu.

Hauteur totale, 2 m. 58 cent.

127 — Coupe ovale sur piédouche en jaspe brèche-universelle. Anses branches de vigne en bronze doré au feu.

128 — Vase couvert et sur piédouche en porphyre rouge oriental. Monture en bronze doré au feu de style Louis XIV, composée d'une graine de couvercle, de deux anses têtes de béliers et de quatre pieds à têtes et griffes de lions.

Haut., 54 cent.

129 — Deux grands vases à panse surbaissée et sur piédouche en granit rose d'Egypte. Monture en bronze doré au feu composée de deux anses à mascarons, d'une frise de rinceaux interrompue

par deux cartouches et d'une base en forme de
faisceaux de baguettes.

Haut., 83 cent.; larg., 82 cent.

130 — Deux vases couverts en granit rose d'Egypte,
à culot godronné et piédouche mouluré. Anses
mufles d'animaux, guirlandes et graine de couvercle en bronze doré au feu. Style Louis XIV.

Haut., 85 cent.

131-132 — Quatre colonnes cannelées en granit rose
d'Egypte. Chapiteaux corinthiens, rudentures et
base en bronze doré au feu.

Haut., 2 m. 44 cent.

133 — Vase en granit vert des Vosges.

134 — Vase sur piédouche en serpentin.

OBJETS DIVERS

135 — Cheminée de style Louis XVI en marbre
rouge griotte, bronze doré au feu et bronze patiné. Les montants sont ornés de cariatides;
décor de rosaces et de feuillages.

Haut., 1 m. 27 cent.; larg., 2 m. 5 cent.; prof., 44 cent.

136 — Deux salières de style Louis XVI en argent à
décor de guirlandes et médaillon-buste.

OBJETS VARIÉS

Appartenant à la Maison H. Dasson et Cie

LAQUES DU JAPON ET DE LA CHINE

137 — Ecritoire décorée d'un gong. Laque du **Japon** à décor or à reliefs sur fond aventuriné.

138 — Boîte carrée, à décor de chrysanthèmes. Laque du Japon à décor or, argent et couleur sur fond pailleté or.

139 — Ecritoire à décor de fougères. Laque du Japon à décor or à reliefs sur fond aventuriné.

140 — Ecritoire décorée d'un chien de Fô auprès d'un rocher fleuri. Laque du Japon à décor or à reliefs sur fond aventuriné.

141 — Boîte carrée : arbre fleuri et paons. Laque du Japon à décor or à reliefs sur fond noir partiellement poudré et aventuriné avec applications de burgau et de corne teintée rouge.

142 — Ecritoire décorée de deux personnages. Laque du Japon or à reliefs sur fond poudré.

143 — Boîte carrée décorée d'un vase de fleurs posé sur un chariot. Laque du Japon or et argent sur fond aventuriné.

***

144 — Boite carrée à décor d'arbres, au bord de la mer et de grues. Laque du Japon à décor or sur fond noir.

145 — Ecritoire à [décor de paysage montagneux avec habitations et cours d'eaux. Laque du Japon à décor or à reliefs sur fond aventuriné.

146 — Boite carrée; pont sur un cours d'eau. Laque du Japon à décor or et argent sur fond poudré.

147 — Ecritoire rectangulaire en bois d'amboine partiellement laqué or et[argent : bestiaux dans la campagne. Japon.

148 — Boîte carrée décorée de trois éventails. Laque du Japon à décor or et argent sur fond poudré.

149 — Boîte carrée à décor de paon au-dessus d'une rivière. Laque du Japon or à reliefs sur fond noir.

150 — Boîte carrée à décor de paysage montagneux au clair de lune. Laque du Japon or et argent sur fond poudré.

151 — Boîte oblongue avec tiroir décorée de cours d'eau et de jonques. Laque du Japon or sur fond noir.

152 — Boîte de forme haute à décor de chrysanthèmes. Laque du Japon or et argent sur fond aventuriné.

153 — Boite ronde en laque du Japon, décor de paysages.

154 — Quatre boites laquées de forme contournée.

155 — Plateau décoré de réserves d'arbustes sur fond carrelé. Laque du Japon.

156 — Plateau décoré d'un tronc d'arbre. Laque du Japon or et argent à haut-relief sur fond noir.

157 — Plateau décoré d'un arbre sur lequel sont posés de nombreux oiseaux. Laque du Japon à reliefs avec incrustations de burgau sur fond aventuriné.

158 — Plateau provenant d'une boite, décoré de chrysanthèmes au bord d'une mare. Laque d'or du Japon sur fond aventuriné.

159 — Plateau en laque du Japon : paysage avec cours d'eau.

160 — Plat rond en laque du Japon à fond noir.

161 — Grand plateau rond en laque du Japon à fond noir : paysages.

162 — Grande boîte à décor d'arbres. Laque du Japon à décor or à reliefs sur fond aventuriné.

163 — Autre, ornée d'un arbre et de fougères avec

plateau intérieur. Laque du Japon à décor or à
reliefs sur fond pailleté.

164 — Autre, décorée d'un paysage avec habitation
et cours d'eau. Laque du Japon à haut-relief.

165 — Autre, décorée d'un bouquet d'arbres et de
deux grues. Laque du Japon or à reliefs sur
fond aventuriné.

166 — Autre, à décor de chrysanthèmes sur fond de
bâtons rompus. Laque du Japon.

167 — Grande boite décorée de pêchers en fleurs
au clair de lune. Laque du Japon à fond noir.

168 — Autre : saule au bord de l'eau. Laque du
Japon à fond noir.

169 — Autre : cours d'eau entre deux rives monta-
gneuses. Laque du Japon à fond noir.

170 — Autre : bras de mer avec arbre sur la rive.
Laque du Japon sur fond noir.

171 — Trois grandes boîtes incomplètes. Laque du
Japon.

172 — Table à écrire en bois naturel partiellement
laqué or et couleur à haut-relief : volailles et
branchages. Japon.

173 — Autre, en bois naturel partiellement laqué :
îlots reliés par un pont. Japon.

174 — Autre, en bois laqué : pont sur une rivière. Japon.

175 — Coffret à décor de paysages, cours d'eau, cascades, habitations et montagnes sur fond aventuriné. Laque du Japon.

176 — Autre analogue. Le couvercle manque.

177 — Etagère à décor de branches fleuries sur fond aventuriné. Laque du Japon.

178 — Autre analogue, un peu plus grande. Laque du Japon.

179 — Autre incomplète, à décor de grues volant au-dessus d'un cours d'eau. Laque du Japon.

180 — Cabinet à deux tiroirs, à décor de pivoines et de rosaces sur fond à bâtons rompus. Laque du Japon.

181 — Cabinet à coulisse et tiroirs en laque de Chine avec applications de nacre et de pierre de lard, décor de paysages et d'attributs.

182 — Couvercle de travail analogue.

183 — Cabinet incomplet en laque du Japon avec nombreux tiroirs.

184 — Grand couvercle de boîte à décor de paysage avec armoiries. Laque du Japon à fond aventuriné.

185 — Autre, décoré de volailles. Laque du Japon.

186 — Autre, plus petit : Groupe de chevaux. Laque du Japon.

187 — Autre : Coq et poule sur un tonneau. Laque du Japon.

188 — Trois autres : Flots de la mer, branchages et vignes. Laque du Japon à fond noir.

189 — Autre : Bande de grues dans la campagne. Laque du Japon.

190 — Deux couvercles de boîtes : Oies et canards. Laque du Japon à fond aventuriné.

191 — Deux autres : Paysage et porte d'entrée de jardin. Laque du Japon à fonds aventuriné et poudré.

192 — Six grands panneaux en laque du Japon, à fond aventuriné : Arbres, oiseaux et armoiries.

193 — Vingt petits panneaux variés en laque du Japon, à fond aventuriné.

194 — Deux panneaux en laque du Japon, à décor de volailles sur fond noir.

195 — Sept fragments de panneaux en laque de Coromandel.

196 — Quatre petits panneaux en laque du Japon, à fond noir. Décor de vol de grues.

197 — Vingt fragments de panneaux variés en laque
de Chine à fond noir.

198 — Trois pièces : boîte, fragment de boîte et
plateau intérieur de boîte en laque du Japon.

199 — Sept tiroirs variés en laque du Japon.

200 — Lot de fragments divers laqués.

201 — Lot de socles chinois et japonais.

202 — Grande boîte à décor de personnages dans
un paysage montagneux. Laque d'or à reliefs sur
fond pailleté. Japon.

203 — Grande boîte à décor de branches fleuries et
d'oiseaux sur fond poudré. Laque d'or et d'argent à reliefs. Japon.

204 — Boîte carrée de forme haute, en bois partiellement laqué or et couleur : Groupes de nombreux personnages. Japon.

205 — Boîte en bois partiellement laqué or et
argent : Personnage et habitation. Japon.

206 — Écritoire en laque du Japon, à rinceaux et
armoiries dorés sur fond noir.

207 — Boîte à décor de haie fleurie de chrysanthèmes. Laque du Japon or et argent, à reliefs
sur fond aventuriné.

208 — Écritoire à décor de grosses fleurs et d'armoiries à l'intérieur et à l'extérieur. Laque or et argent à reliefs. Japon.

209 — Écritoire à décor intérieur et extérieur : Branches fleuries et paysages. Laque du Japon, or et argent, à reliefs sur fonds pailleté et aventuriné.

210 — Boîte de miroir à décor d'arbres, de grues et d'armoiries. Laque du Japon or et argent, à reliefs sur fond aventuriné.

211 — Couvercle de boîte : Corbeille contenant des glands. Laque du Japon.

212 — Autre, décoré d'un chien de Fô.

213 — Autre, décoré de branchages fleuris sur fond uni.

214 — Panneau en bois partiellement laqué : fleurs et paon. Japon.

215 — Autre en bois partiellement laqué : Vol de grues.

216 — Plateau en bois laqué : réserves sur fond marbré. Japon.

217 — Cinq grands panneaux en laque de Coromandel, à décor de personnages, animaux et rochers fleuris.

218 — Autre plus petit : fleurs et oiseaux.

219 — Deux plateaux en laque de Chine : personnages et jeux d'enfants.

220 — Trois panneaux laqués noir à décor d'oiseaux
et fleurs en incrustations de porcelaine, famille
rose. Chine.

221 — Panneau en laque de Chine : volailles sur
fond noir.

PORCELAINES DE CHINE

222 — Vase à panse surbaissée en ancienne porcelaine
de Chine, famille verte à décor de dragons, de
rinceaux et de lambrequins. Col coupé.

223 — Vase en ancienne porcelaine de Chine, décoré de rinceaux et de fleurs en bleu et marron.

224 — Vase en ancienne porcelaine de Chine,
famille verte, décoré de nombreux personnages.
Col coupé.

225 — Vase en ancienne porcelaine de Chine, famille verte, à décor de personnages et d'habitations. Col coupé.

226 — Deux pots ovoïdes couverts en ancienne porcelaine de Chine, famille verte, à décor de
grosses fleurs et de larges feuilles d'eau. Réserves et quadrillés sur l'épaulement.

227 — Jardinière de forme ronde en ancienne porcelaine de Chine, famille verte, à décor de fruits
sur fond imbriqué rouge.

228 — Vase en ancienne porcelaine de Chine,
famille verte, à décor d'arbres et d'oiseaux sur
fond imbriqué rouge.

229 — Deux pots couverts en ancienne porcelaine de
Chine, famille verte, décorés de nombreux personnages.

230 — Petite coupe cylindrique en ancienne porcelaine de Chine, famille verte, à décor de personnages.

231 — Vase en ancienne porcelaine de Chine, famille
verte, à décor de personnages et habitations. Col
orné d'enfants.

232 — Pitong en ancienne porcelaine de Chine,
famille verte ; jeux d'enfants.

233 — Autre, même porcelaine, famille verte, personnage et enfant.

234 — Autre, même porcelaine, famille rose ; personnages.

235 — Deux vases en ancienne porcelaine de Chine,
famille rose ; décor de branches fleuries et
oiseaux.

236 — Deux petits vases, porcelaine de Chine, fa-

mille rose à décor de fleurs sur fond jaune. Base
en bronze doré.

237 — Petit vase en ancienne porcelaine de Chine,
famille rose à décor de fleurs et oiseaux. Col
coupé.

238 — Vase cylindrique couvert, en ancienne porcelaine de Chine, famille rose à décor de compartiments de fleurs sur fond capucin.

239 — Deux pots ovoïdes pouvant se faire pendants
en ancienne porcelaine de Chine, famille rose à
décor de fleurs et d'oiseaux.

240 — Petit vase en ancienne porcelaine de Chine,
famille rose à décor de fleurs. Base en bronze
doré.

241 — Petit vase en ancienne porcelaine de Chine,
famille rose à décor de compartiments et de
fleurs sur fond jaune. Base en bronze doré.

242 — Petit vase en ancienne porcelaine de Chine,
famille rose à décor de fleurs sur fond vert. Base
en bronze doré.

243 — Petit pitong ajouré, même porcelaine, à décor
polychrome. Base en bronze doré.

244 — Petit vase-applique orné de deux figurines,
même porcelaine, famille rose.

245 — Autre analogue.

246 — Deux vases pouvant se faire pendants en ancienne porcelaine de Chine à décor doré sur fond
bleu soufflé.

247 — Vase en ancienne porcelaine de Chine à décor
doré sur fond bleu soufflé. Col coupé.

248 — Cornet en ancienne porcelaine de Chine à
décor de fleurs réservées en blanc sur fond caillouté bleu.

249 — Deux pots ovoïdes couverts en ancienne porcelaine de Chine, à décor bleu de fruits et de
lambrequins.

250 — Deux jardinières cylindriques, même porcelaine à décor bleu de paysages.

251 — Deux vases en ancienne porcelaine de Chine
à décor bleu de paysages montagneux avec cours
d'eau et personnages.

252 — Deux vases en ancienne porcelaine de Chine
à décor bleu de fleurs.

253 — Vase en ancienne porcelaine de Chine, à décor
de branches fleuries réservées en blanc sur fond
caillouté bleu. Col coupé.

254 — Vase en ancienne porcelaine de Chine, à
décor de rochers, d'oiseaux et de branches fleuries.
Col coupé.

255 — Encrier, même porcelaine, émaillé jaune,
à décor de dragons en relief.

256 — Petit pot ovoïde, couvert, même porcelaine, famille rose, à fleurs sur fond vert. Base en bronze doré.

257 — Autre semblable.

258 — Deux oiseaux, même porcelaine, décor polychrome.

259 — Deux canards, même porcelaine, décor polychrome.

260 — Crapaud, même porcelaine.

261 — Pitong quatrilatéral, ajouré, émaillé gros bleu. Base en bronze doré.

262 — Autre émaillé vert. Base en bronze doré.

263 — Petit brûle-parfums émaillé vert, même porcelaine.

264 — Petite coupe, formée d'un canard et d'une feuille d'eau, même porcelaine, à décor polychrome.

265 — Deux petites perruches, même porcelaine, émaillées vert.

266 — Deux compte-gouttes en forme de singes, même porcelaine, émaillés vert.

267 — Bouteille en ancienne porcelaine de Chine, émaillée rouge.

268 — Vase en ancienne porcelaine de Chine, émaillé rouge haricot.

269 — Six petites tasses en ancienne porcelaine de Chine, à décor de dragons émaillés rouge de fer.

270 — Petit présentoir en porcelaine de Chine, à décor de poissons.

271 — Coupe en ancien céladon gris craquelé de la Chine ; monture composée de deux anses et d'une base en bronze doré de style Louis XIV.

272 — Coupe en céladon gris craquelé de la Chine ; base en bronze doré.

273 — Deux jardinières en céladon gris verdâtre de la Chine, à décor de grosses fleurs. Monture en bronze doré.

274 — Bol en céladon vert d'eau de la Chine, gravé sous couverte.

275 — Vase en céladon gris craquelé de la Chine ; anses mufles d'animaux réservées en biscuit brun.

276 — Vase cylindrique en céladon gris craquelé de la Chine.

277 — Deux vases balustres en céladon vert d'eau de la Chine, à décor de branches fleuries en émaux de la famille rose.

278 — Deux jardinières rondes et variées en céladon vert de la Chine.

279 — Grand vase en céladon vert craquelé de la Chine, gravé sons couverte à quadrillés.

280 — Jardinière oblongue et son plateau en céladon vert d'eau de la Chine.

281 — Bouteille en céladon turquoise truité de la Chine. Col coupé.

282 — Deux bouteilles piriformes en céladon turquoise truité de la Chine.

283 — Bouteille en céladon turquoise truité de la Chine.

284 — Deux bouteilles à col droit en céladon turquoise truité de la Chine.

285 — Deux bouteilles en céladon turquoise truité de la Chine.

286 — Vase en céladon turquoise truité de la Chine.

287 — Chien de Fô assis en céladon turquoise truité.

288 — Pitong ajouré en céladon turquoise; base en bronze doré.

289 — Petit vase balustre aplati en céladon turquoise truité de la Chine.

290 — Autre en céladon turquoise truité.

291 — Petit vase en céladon turquoise truité de la Chine.

292 — Petit encrier en forme de fruit en céladon turquoise truité de la Chine.

293 — Encrier en forme de personnage en céladon turquoise truité de la Chine.

294 — Deux petits chiens de Fô en céladon turquoise truité.

295 — Coupe en forme de large feuille en céladon turquoise truité de la Chine.

296 — Vase en grès flambé violacé de la Chine.

297 — Deux potiches couvertes pouvant se faire pendants en ancienne porcelaine de Chine, famille verte, à décor de rinceaux et d'oiseaux.

298 — Vase en ancienne porcelaine de la Chine à décor bleu de paysages animés avec cours d'eau.

299 — Bol en ancienne porcelaine de Chine, famille verte à décor extérieur de dragons, de rinceaux et d'ustensiles divers.

300 — Pot ovoïde en ancienne porcelaine de Chine, famille rose à décor de fleurs sur fond jaune gravé sous couverte.

301 — Panse de bouteille, même porcelaine à décor
bleu de personnages.

302 — Vase en ancienne porcelaine de Chine à décor de branches fleuries émaillées bleu et rouge
de cuivre.

303 — Deux pots ovoïdes couverts en ancienne porcelaine de Chine famille rose à décor de fleurs
sur fond gros bleu.

304 — Statuette de Kouan-in, même porcelaine,
famille rose.

305 — Petit vase-applique orné de deux figurines en
ronde bosse, même porcelaine, famille rose.

306 — Coupe, même porcelaine, famille verte, à
décor de compartiments de branches fleuries.

307 — Petit vase piriforme en ancienne porcelaine
de Chine émaillée rouge haricot. Base en bronze
doré.

308 — Petit pot couvert en ancienne porcelaine de
Chine, famille rose, à décor de fleurs sur fond
vert. Monture en bronze doré.

309 — Petit vase rouleau en ancienne porcelaine de
Chine, famille rose. Base en bronze doré.

310 — Encrier en forme de souris, même porcelaine.

311 — Petit vase, même porcelaine, famille rose :
fleurs. Base en bronze doré.

312 — Grande bouteille, en porcelaine flambée violacée de la Chine.

313 — Petite coupe en céladon gris craquelé de la Chine, à décor d'inscriptions polychromes. Base en bronze doré.

314 — Coupe en céladon vert de la Chine.

315 — Vase en céladon gris craquelé de la Chine.

316 — Petite bouteille en céladon turquoise truité de la Chine.

317 — Petit dauphin en céladon turquoise truité de la Chine.

318 — Vase en céladon turquoise truité de la Chine. Col coupé.

PORCELAINES DU JAPON

319 — Deux pots ovoïdes couverts en ancienne porcelaine du Japon à décor bleu, rouge et or, de fleurs, d'oiseaux et de rinceaux.

320 — Flacon quadrilatéral en ancienne porcelaine du Japon à décor bleu, rouge et or, de paysages et branches fleuries.

321 — Autre analogue, à décor de branches fleuries.

322 — Deux bouteilles en ancienne porcelaine du Japon, décor de branches fleuries et rochers.

323 — Grand bol rond couvert en ancienne porcelaine du Japon à décor de vases et de compartiments de fleurs.

324 — Petit vase, porcelaine du Japon à décor de
paysages montagneux.

BISCUITS DE WEDGWOOD

PORCELAINES DE SÈVRES

325 — Grande plaque en ancien biscuit de Wedgwood : offrande à une divinité. Composition de
huit figures réservées en blanc, en relief sur
fond bleu.

326 — Deux petits socles cylindriques en ancien biscuit de Wedgwood, à décor de guirlandes, de
têtes de béliers et d'attributs divers en blanc sur
fond bleu.

327 — Quatre médaillons en ancien biscuit de
Wedgwood : les quatre Saisons sous les traits
de quatre enfants en tenant les attributs ; fond
bleu.

328 — Médaillon en ancien biscuit de Wedgwood :
buste de profil de la princesse de Lamballe ; fond
bleu.

329 — Deux petits bas-reliefs en ancien biscuit de
Wedgwood : Muses ; fond bleu.

330 — Petit médaillon rond en ancien biscuit de Wedgwood, buste de personnage de profil ; fond bleu.

331 — Deux médaillons en ancien biscuit de Wedgwood ; femme tenant une corne d'abondance et amour lutinant une femme ; fond bleu.

332 — Douze boutons en ancien biscuit de Wedgwood ; sujets allégoriques ; fond bleu :

333 — Quatre autres montés cuivre ; sujets mythologiques.

334 — Lot de vingt-deux petits boutons à décor de rosaces, même biscuit.

335 — Trois médaillons variés en ancien biscuit de Wedgwood à fonds vert, noir et violet ; sujets allégoriques.

336 — Compotier en ancienne porcelaine tendre de Sèvres. Bordure dorée.

337 — Trois pièces en ancienne porcelaine tendre de Sèvres ; deux coquetiers et un pot à crème à décor de fleurs.

338 — Plateau sur piédouche en ancienne porcelaine tendre de Sèvres à décor de fleurs.

339 — Deux médaillons en biscuit moderne de Sèvres 1874-1876 ; les trois Grâces et sujet allégorique

à l'amour ; compositions en trois figures réservées en blanc en relief sur fond bleu.

340 — Médaillon monté en broche, biscuit de Sèvres ; scène de sacrifice.

341 — Trois plaques en ancien biscuit de Sèvres, l'une ovale à décor de danses d'enfants, les autres en forme de losanges à sujets allégoriques.

342 — Lot de fleurs en porcelaine de Saxe.

343 — Deux figurines de poussahs en ancienne porcelaine de Saxe à décor de style chinois.

344 — Deux petits pots à crême en ancienne porcelaine tendre de Sèvres.

345 — Compotier, même porcelaine, pâte tendre à décor de fleurs.

346 — Pot à lait en ancienne porcelaine tendre de Sèvres à décor de fleurs.

BRONZES ET OBJETS DIVERS

347 — Buste plus grand que nature, en marbre blanc, de femme, la tête légèrement tournée vers l'épaule gauche, coiffée de coquillages et de rangs de perles, la poitrine à demi couverte d'une draperie. On lit au dos : *E. B. inv. et sculp.* Socle en marbre de couleur. Hauteur du buste, 70 cent.

348 — Grande glace dans un encadrement Louis XV
en chêne sculpté avec trumeau orné d'un car-
touche et de guirlandes.

Haut., 2 m. 80 cent.; larg., 1 m. 37 cent.

349 — Deux chenets en bronze formés d'un vase
couvert sur base carrée, ornée de mascarons.
Époque Louis XIV.

350 — Deux bras-appliques à trois lumières en bronze
doré, en forme de bouquets de lis. Époque
Louis XVI.

351 — Deux petits bras-appliques à trois lumières,
formés chacun d'un vase-applique en ancienne
porcelaine de Chine, famille rose, à décor de
fleurs sur fond bleu turquoise, et d'une monture en bronze doré.

352 — Dix-huit bras à une lumière, disposés pour
le gaz, en bronze, décorés chacun d'un mascaron
de style Louis XIV.

353 — Petit cartel du temps de Louis XVI, en bronze
doré, surmonté d'une urne et décoré de guirlandes de lauriers. Cadran signé *Lepaute, hor-
loger du roi*. Sonnerie à tirage.

354 — Deux bas-reliefs de style Louis XVI, en bronze
doré : Jeux d'enfants.

355 — Bas-relief en bronze patiné : buste de profil
de Henri IV.

356 — Médaillon en bronze patiné : tête de profil de Louis XV.

357 — Flambeau de bouillotte à deux lumières en bronze.

358 — Verrou de style Louis XVI, en bronze doré, orné d'un monogramme et de feuillages.

359 — Lanterne en cuivre, avec potence en fer forgé. Elle est disposée pour le gaz.

360 — Cheminée du temps de Louis XVI, en **marbre** vert, garnie de bronze ciselé et doré. Provenant de l'Hôtel Carnavalet.

361 — Porte du temps de Louis XIV à décor d'attributs de l'amour, de palmettes et de rosaces, avec serrure et sa gâche en bronze doré de la même époque. Provenant de l'Arsenal.

Haut., 2 m. 30 cent.; larg., 86 cent.

362 — Deux cadres en bois sculpté et doré du temps de Louis XV.

363 — Cadre de glace en bois de violette avec encadrement en bronze doré.

364 — Médaillon rond en argent repoussé.

365 — Trois mouvements anciens de pendules, l'un signé : *Le Faucheur*.

366 — Trois médaillons en cuivre émaillé du temps de Louis XVI, décor de vases et d'oiseaux.

367 — Deux cornets de pharmacie en ancienne faïence italienne à décor de fleurs.

LIVRES

368 — Quatorze volumes reliés : *l'Art pour tous*, années 1861 à 1875.

369 — Deux volumes reliés : catalogues San Donato, illustrés, 1870 à 1880.

370 — Un volume relié : fac-similé des œuvres de Bérain.

371 — Les arts du métal par Giraud : portefeuille de reproductions.

372 — Nombreuses reproductions photographiques de musées Français, Anglais, Espagnols et Italiens.

373 — Nombreuses gravures et fac-similés de gravures relatives au mobilier et à la décoration des XVIIe et XVIIIe siècles.

374 — Nombreux catalogues illustrés de ventes : collections Stein, Sennegon, Laperlier, Hamilton, Smith, château de Ménars, d'Armaillé, de la Faulotte, de Salverte, Double.

375 — Deux volumes : les meubles d'art du Mobilier National, par Williamson.

PANNEAUX

DÉCORÉS AU VERNIS DIT DE MARTIN

376 — Panneau décoré au vernis Martin de trois amours armés de glaives et de boucliers et combattant. Cadre en bois sculpté et doré. XVIII siècle.

377 — Deux panneaux décorés au vernis : jeux d'enfants. XVIII siècle.

378 — Panneau décoré au vernis : fillettes, amours et serpents. XVIII siècle.

379 — Panneau décoré au vernis : figure allégorique de source et amours. XVIII siècle.

380 — Panneau décoré au vernis : volailles et brebis. XVIII siècle.

381 — Panneau décoré au vernis : bacchanale.

382 — Panneau décoré au vernis : groupe de guerriers vêtus à l'antique, fond doré. XVIII siècle.

383 — Panneau décoré au vernis : nymphes et amours. XVIII siècle.

384 — Panneau décoré au vernis : Junon et l'Aurore, fond doré. Époque Louis XV.

385 — Panneau décoré au vernis : amours se chauf-
fant. Époque Louis XV.

386 — Deux panneaux décorés au vernis : groupe
d'amours, fond doré. Époque Louis XV.

387 — Panneau décoré au vernis : Groupe de deux
amours dans un parc. xviiie siècle.

388 — Panneau décoré au vernis : Amour et ruines.
xviiie siècle.

389 — Deux panneaux décorés au vernis : médaillon
rond à figures allégoriques sur fond blanc.
xviiie siècle.

390 — Deux panneaux décorés au vernis : Diane
surprise, Vénus et l'Amour. Époque Louis XV.

391 — Deux panneaux peints : Corbeilles de fleurs.
xviiie siècle.

392 — Deux panneaux décorés au vernis : Bouquets
de fleurs et Psyché et l'Amour. xviiie siècle.

393 — Trois panneaux décorés au vernis : Groupe
d'amours, sujets galants, pendentifs d'instru-
ments de musique.

394 — Panneau décoré au vernis, de canards et chien.

395 — Deux dessus de guéridons décorés au vernis :
Coupe remplie de fleurs et jeux d'amours. Fin
du xviiie siècle.

396 — Panneau décoré au vernis : deux amours ca-
ressant un tigre. Cadre Louis XVI en bois doré.

397 — Boîte décorée au vernis : Diane et ses suivantes. XVIIIe siècle.

MEUBLES

398 — Commode Régence à trois rangs de tiroirs, en palissandre. Entrées de serrures et poignées en bronze doré ; tablette en marbre ranz.

Haut., 87 cent.; larg., 1 m. 40 cent.; prof., 65 cent.

399 — Meuble formé d'une commode Régence, à quatre rangs de tiroirs en marqueterie de bois de couleur, garnie de bronze. Elle est surmontée d'une vitrine de même style.

Haut., 2 m. 8 cent.; larg., 1 m. 20 cent.; prof., 43 cent.

400 — Petit cabinet en bois laqué or à reliefs, à décor de paysages, fermant à coulisse. Travail japonais. Il est porté par une table plaquée d'ébène à un tiroir.

Haut., 1 m. 10 cent.; larg., 78 cent.; prof., 38 cent.

401 — Deux gaines en forme de fûts de colonnes plaquées d'ébène et à cannelures de cuivre ; tore de laurier en bronze doré.

Haut., 1 m. 15 cent.

402 — Console du temps de Louis XVI en bois sculpté et doré, à décor de rosaces, sur deux pieds cannelés reliés par une traverse sur laquelle repose un vase de fleurs. Dessus en marbre ranz.

Haut., 85 cent.; larg., 1 m. 30 cent.; prof., 45 cent.

403 — Petit bureau à dos d'âne de style Louis XV, en marqueterie de bois de couleur, à fleurs.

ÉTOFFES

404 — Chape en brocart, à grosses fleurs sur fond crème. XVIIᵉ siècle.

405 — Deux petits panneaux en brocart, à dessin quadrillé bleu. XVIIIᵉ siècle.

406 — Jupe avec corsage en soie rose rayée blanc et brochée à fleurettes.

407 — Jupe presque semblable à la précédente.

408 — Panneau en soie rayée et brochée, à fleurettes.

409 — Fragment de chape en soie brochée, à fleurs. XVIIIᵉ siècle.

410 — Lot de morceaux d'étoffe variés.

411 — Culotte, manches et fragments en soie brochée, à quadrillés et fleurettes. XVIIIᵉ siècle.

412 — Tapis.

413 — Lot de draperies en velours de lin.

VENTE H. DASSON & CIE

CARTE D'ENTRÉE

à l'Exposition Particulière

HOTEL DROUOT, SALLES N°s 9 & 10

Le Samedi 8 Décembre 1894, de 1 heure 1/2 à 5 heures 1/2

Entrée par la rue Grange-Batelière

Me PAUL CHEVALLIER	**M. CH. MANNHEIM**
Commissaire-Priseur	EXPERT